This book belongs to :

ALPHABET

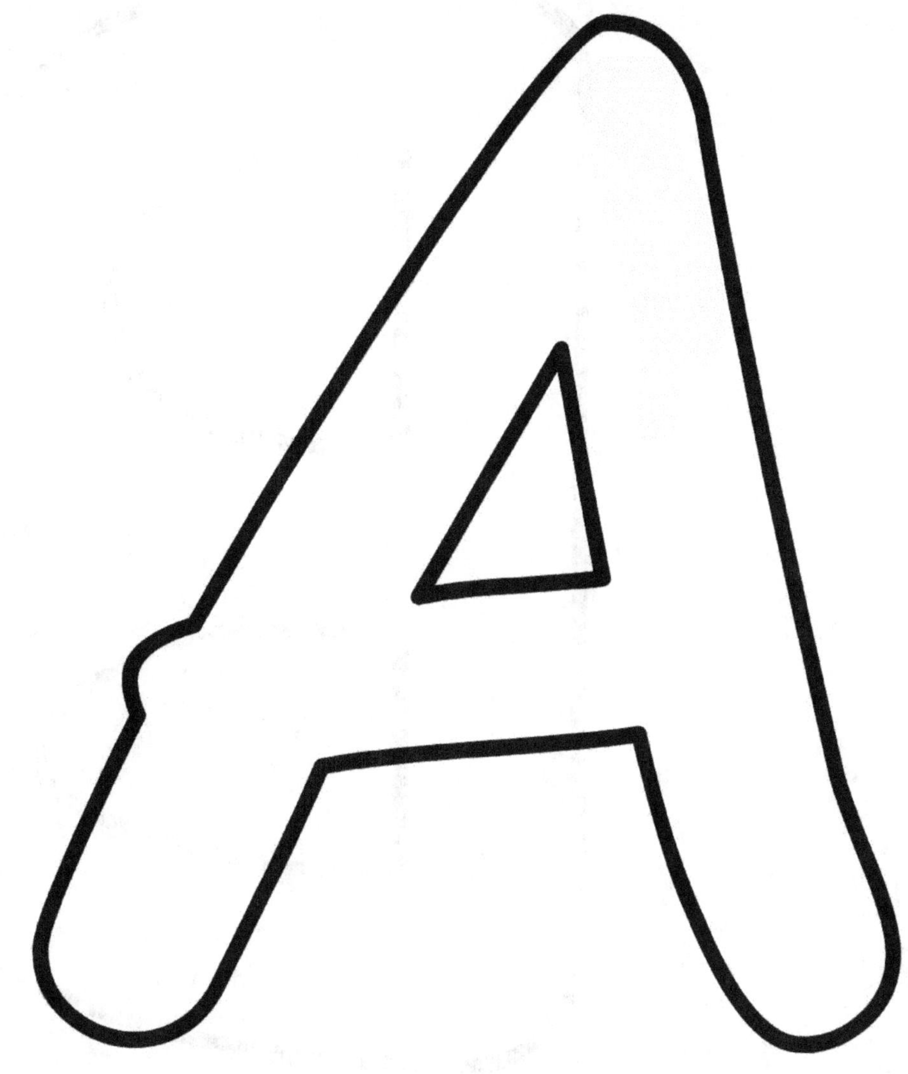

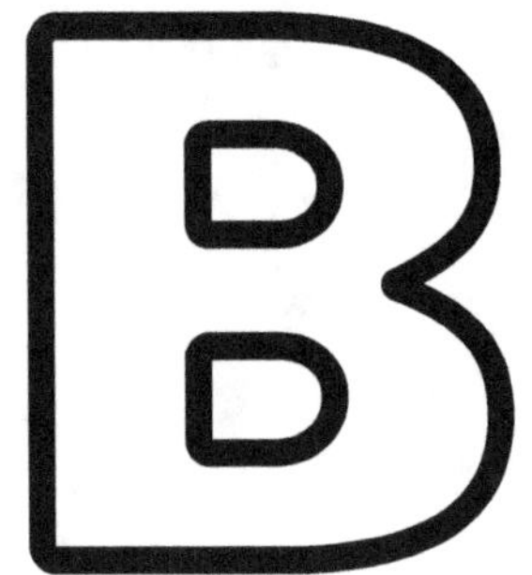

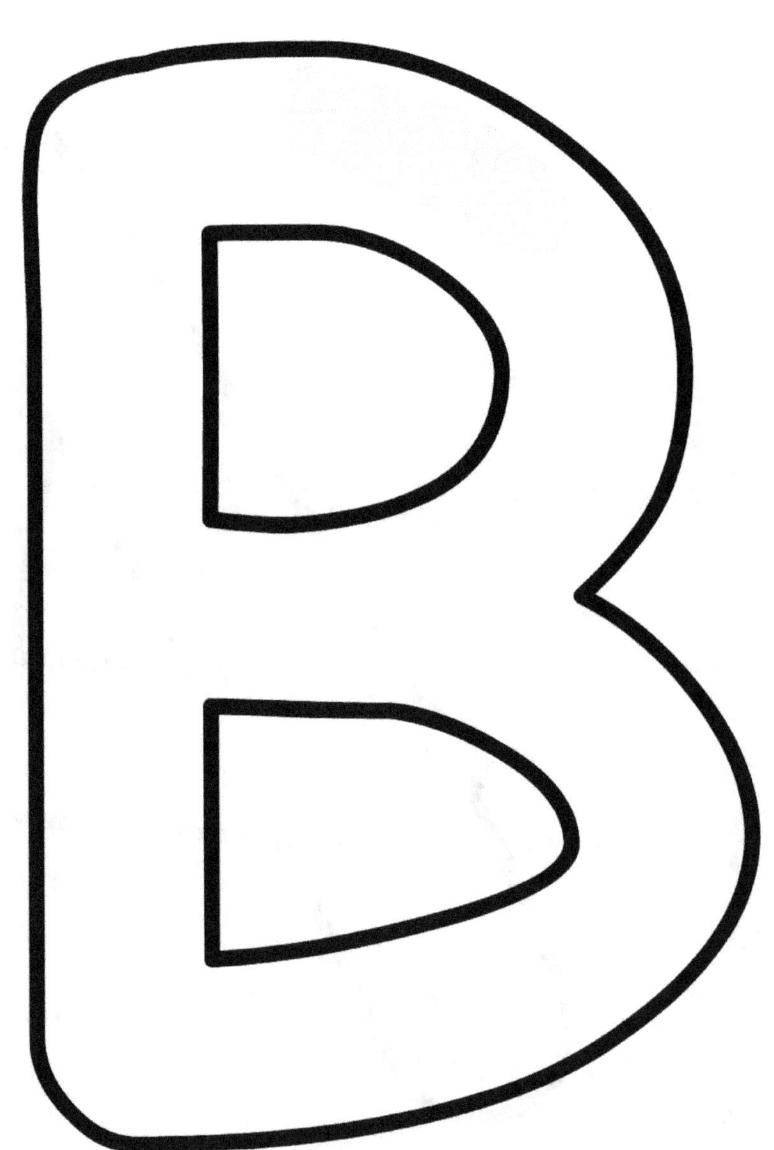

C

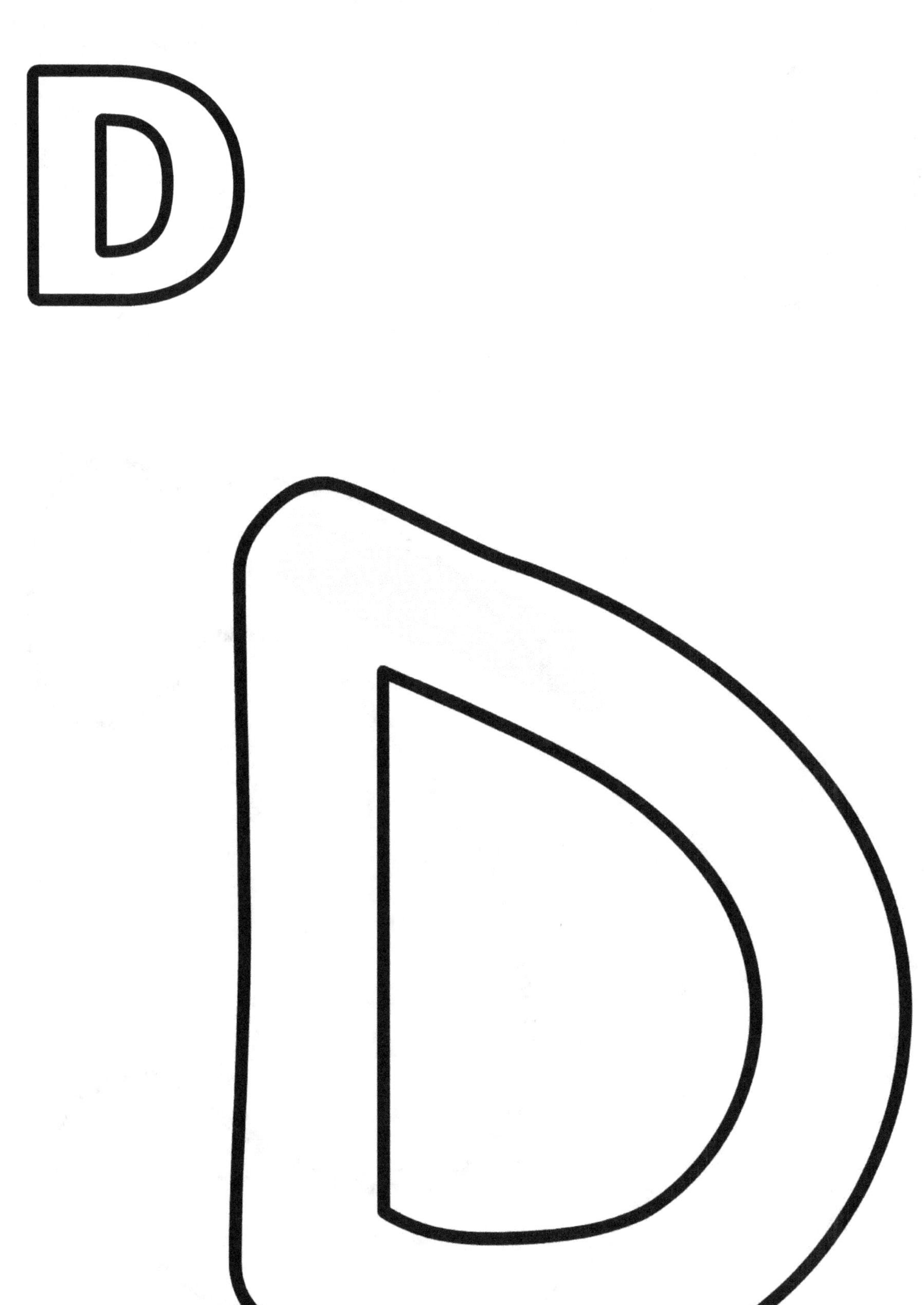

E

E

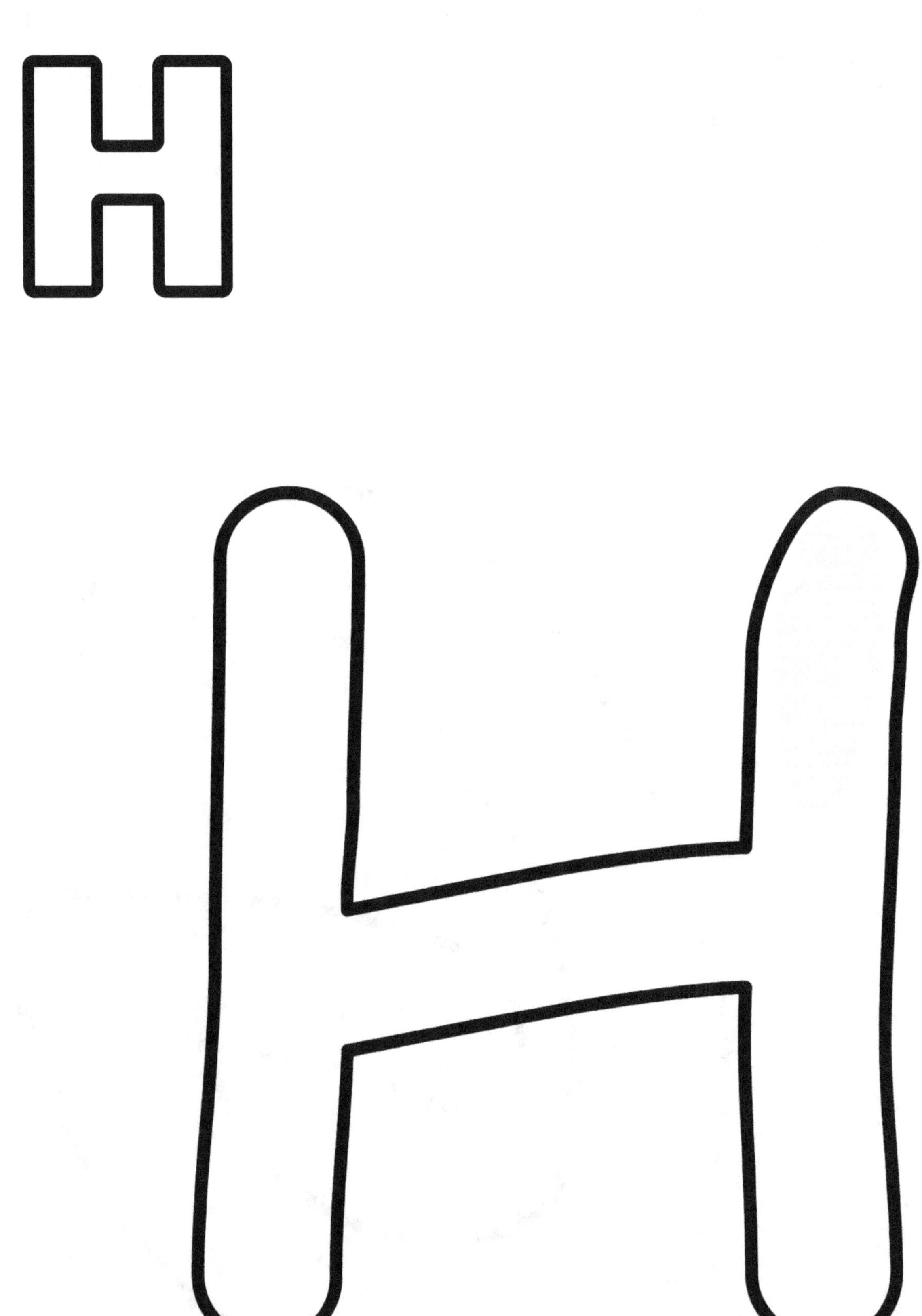

k

K

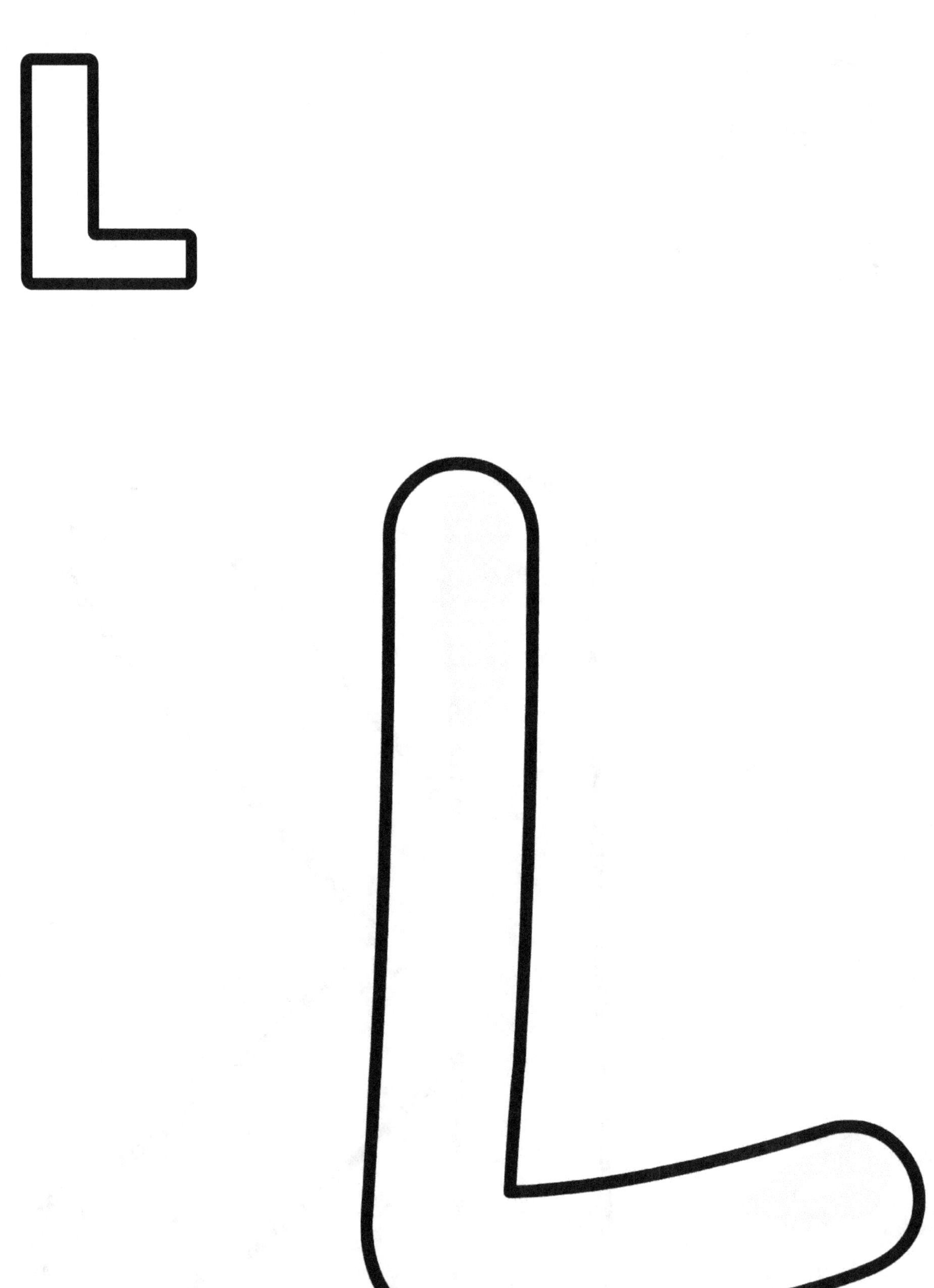

M

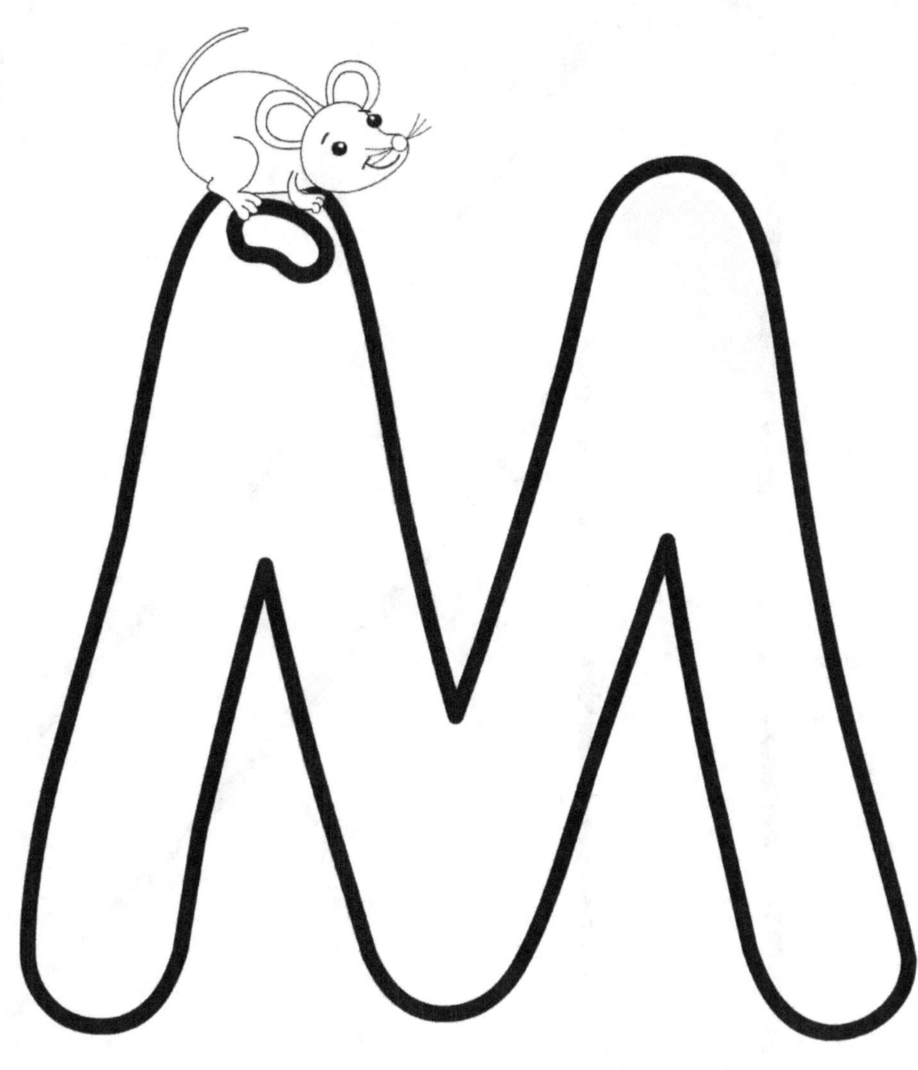

N

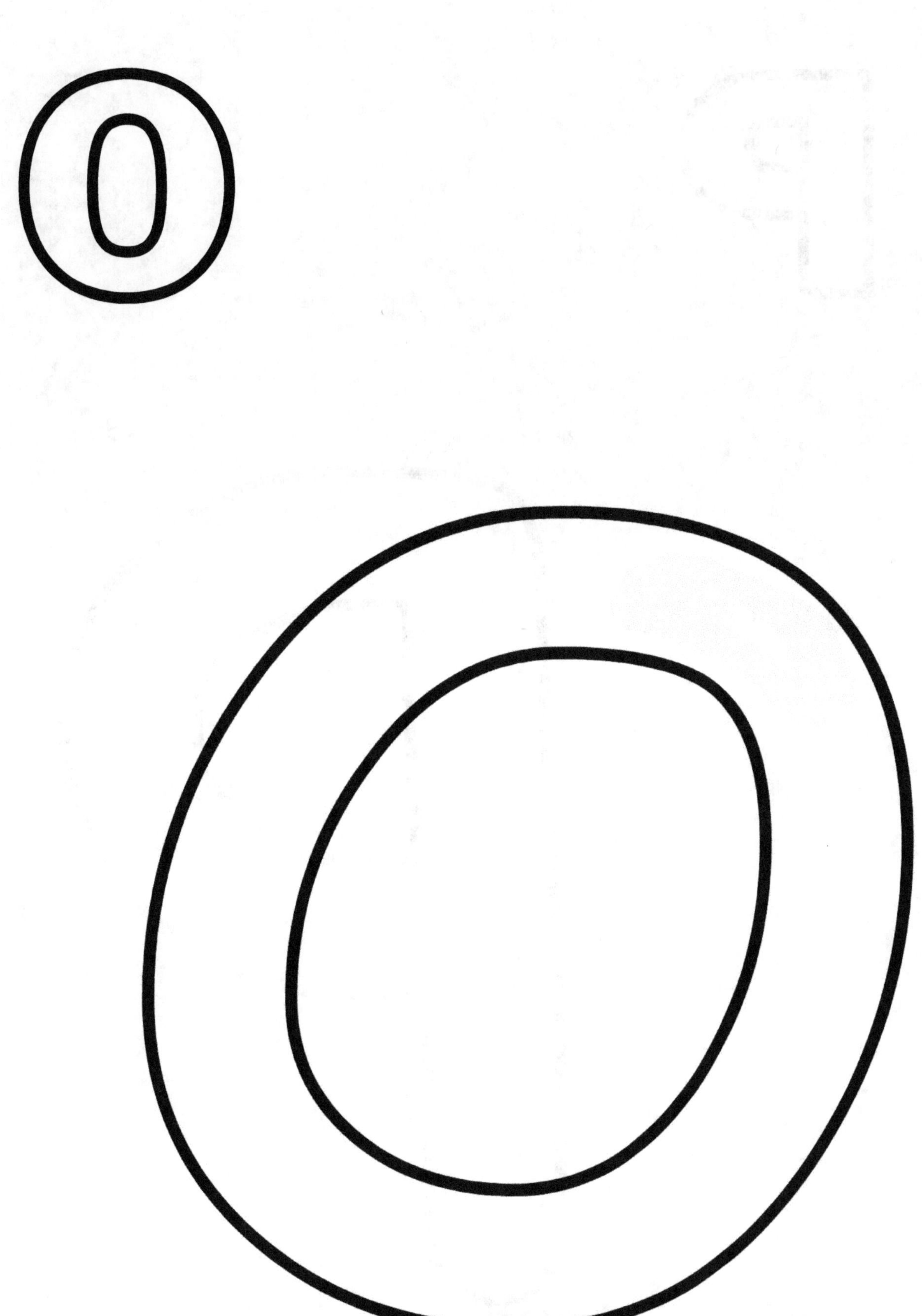

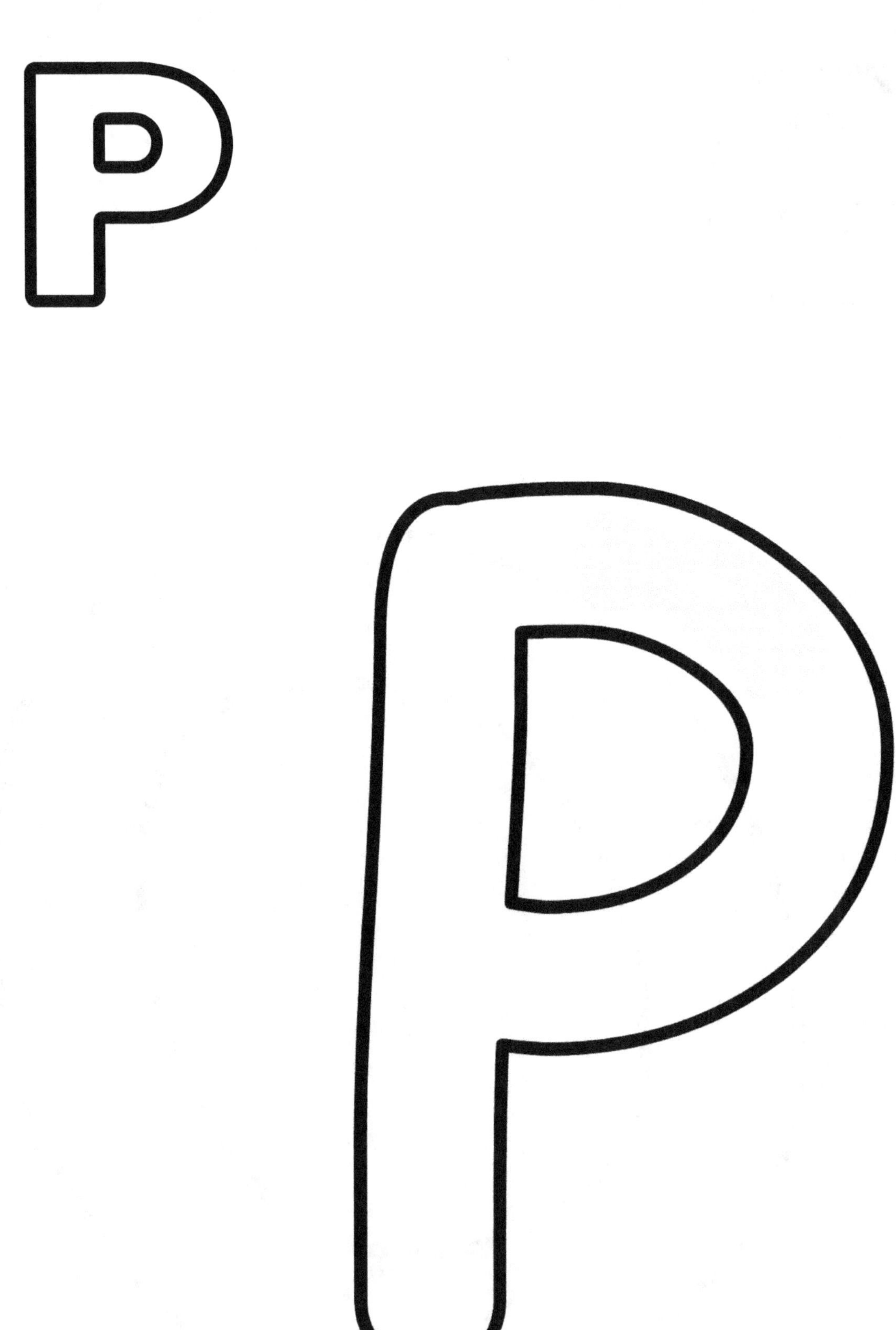

R

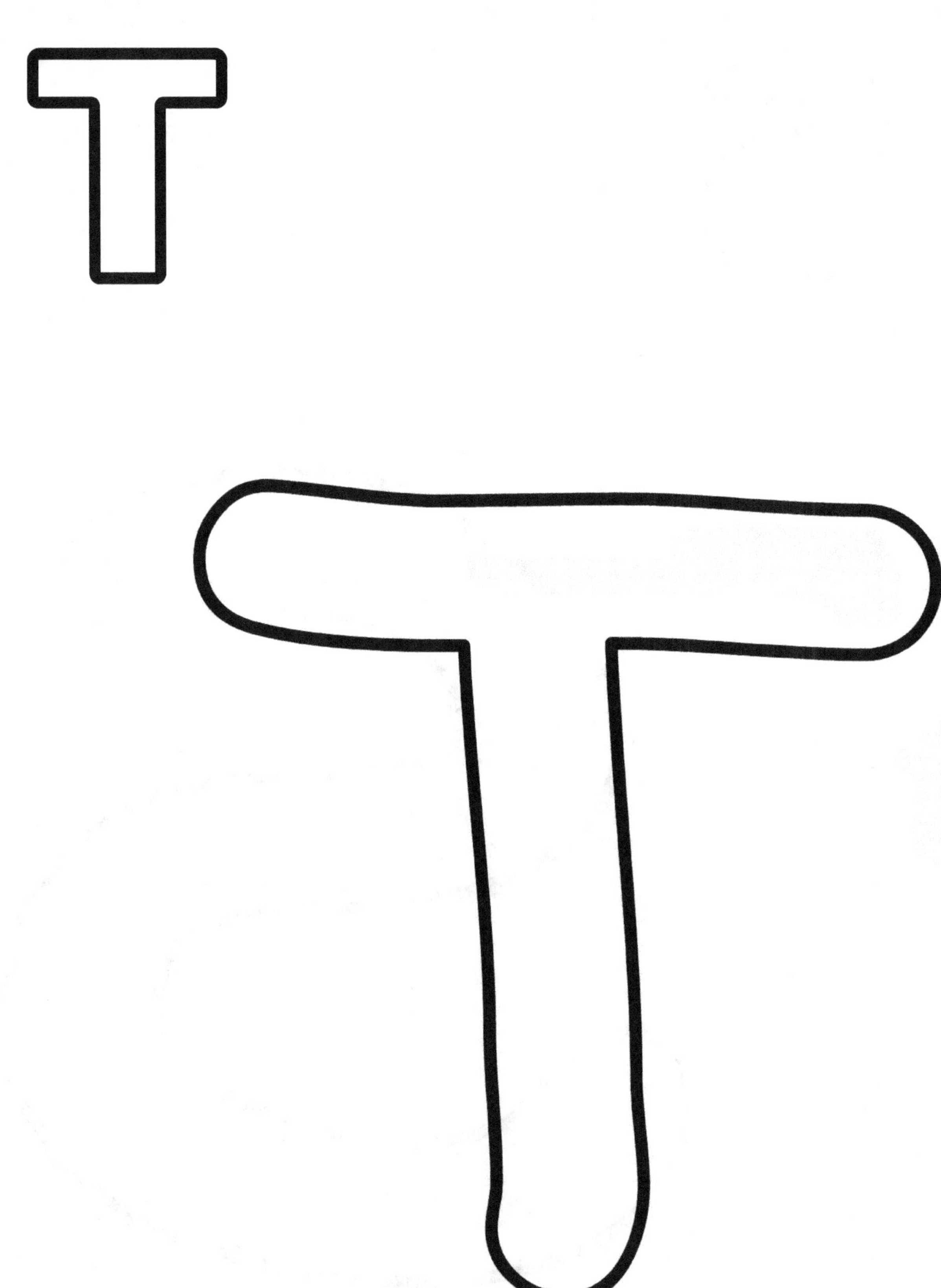

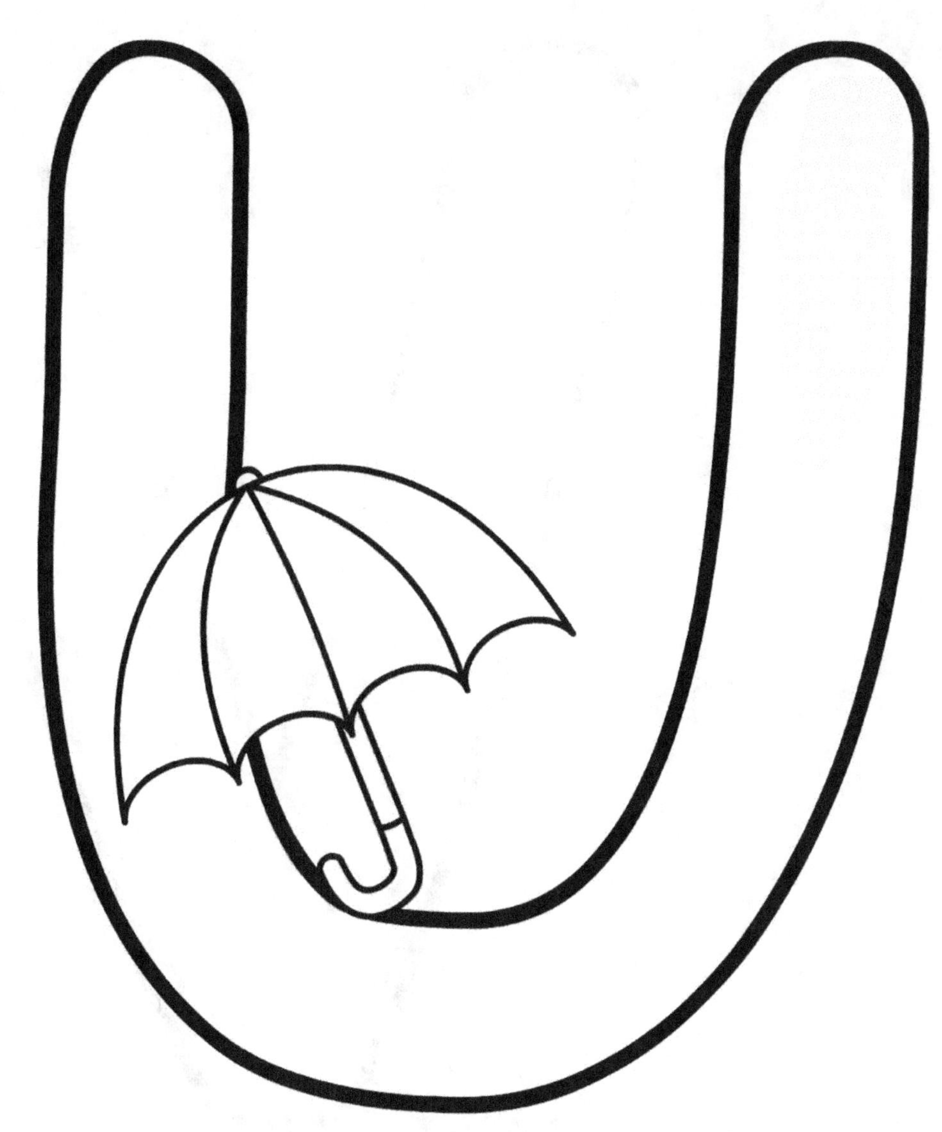

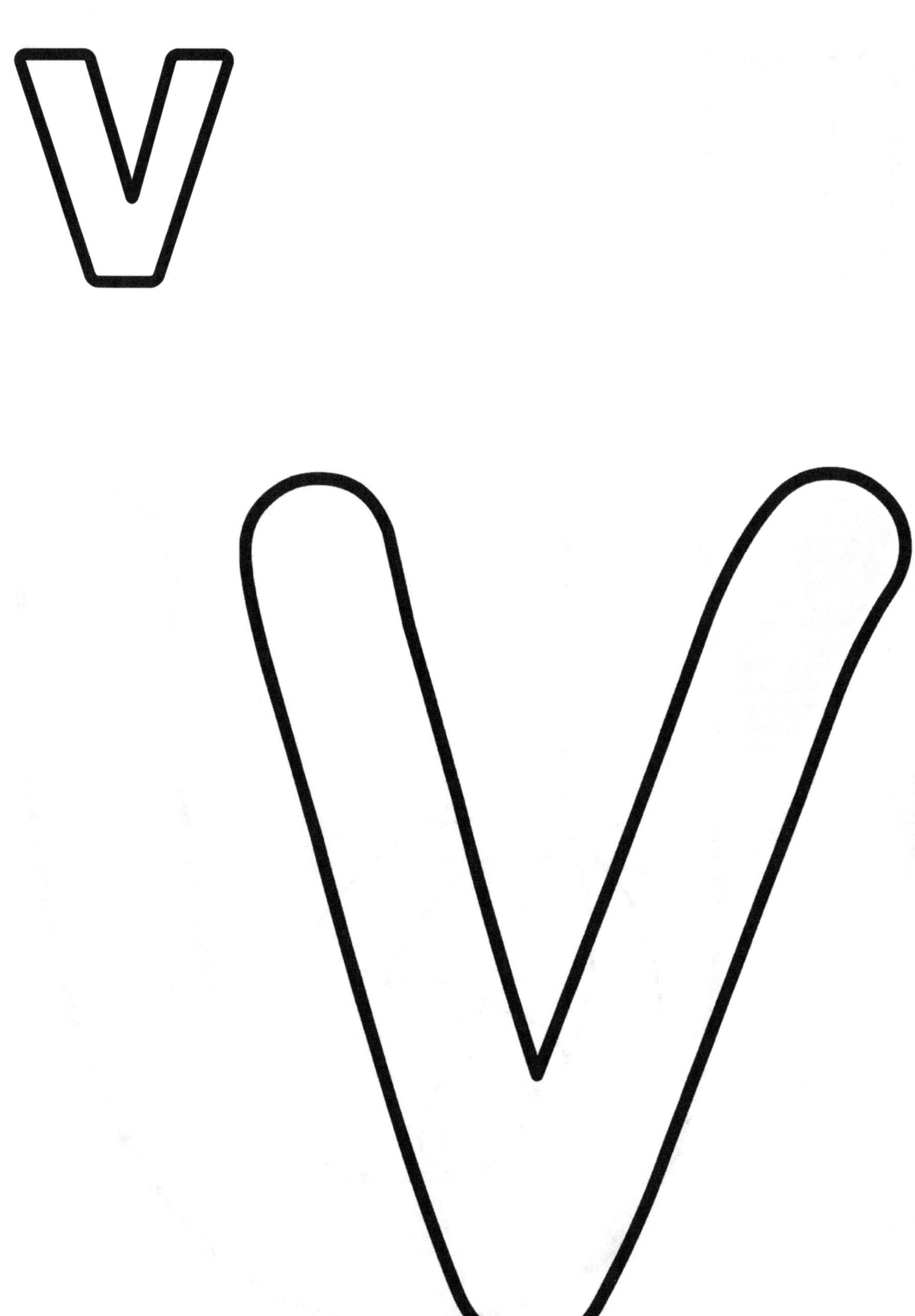

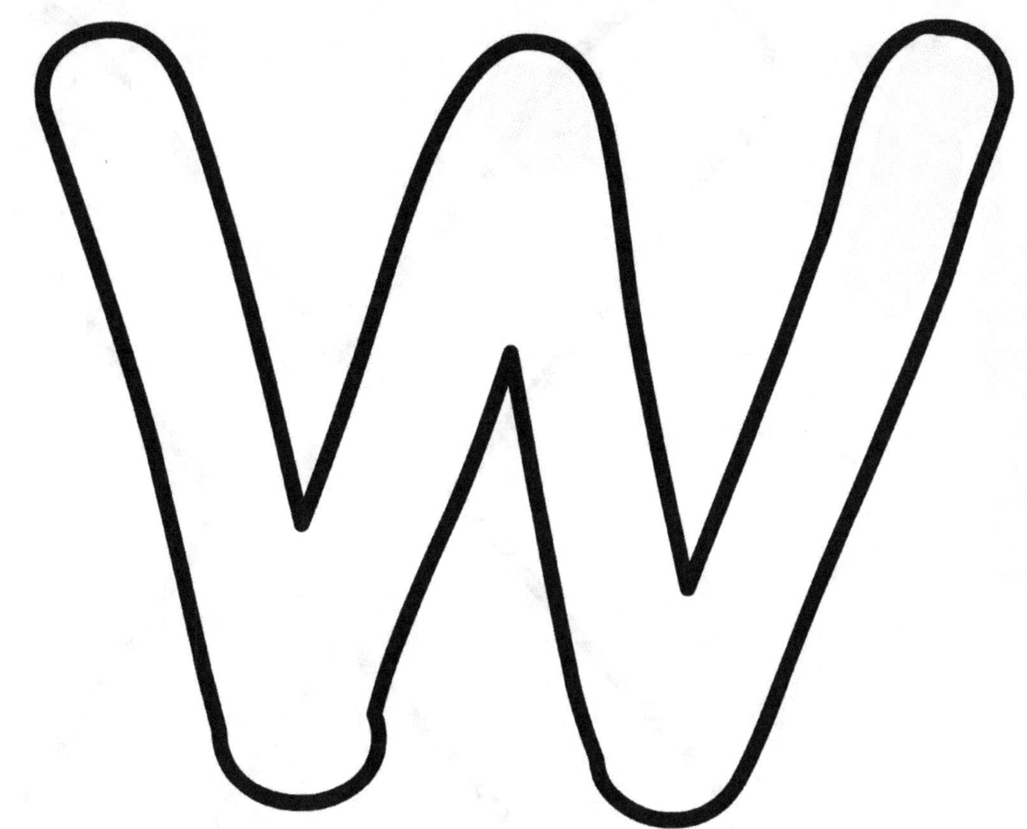

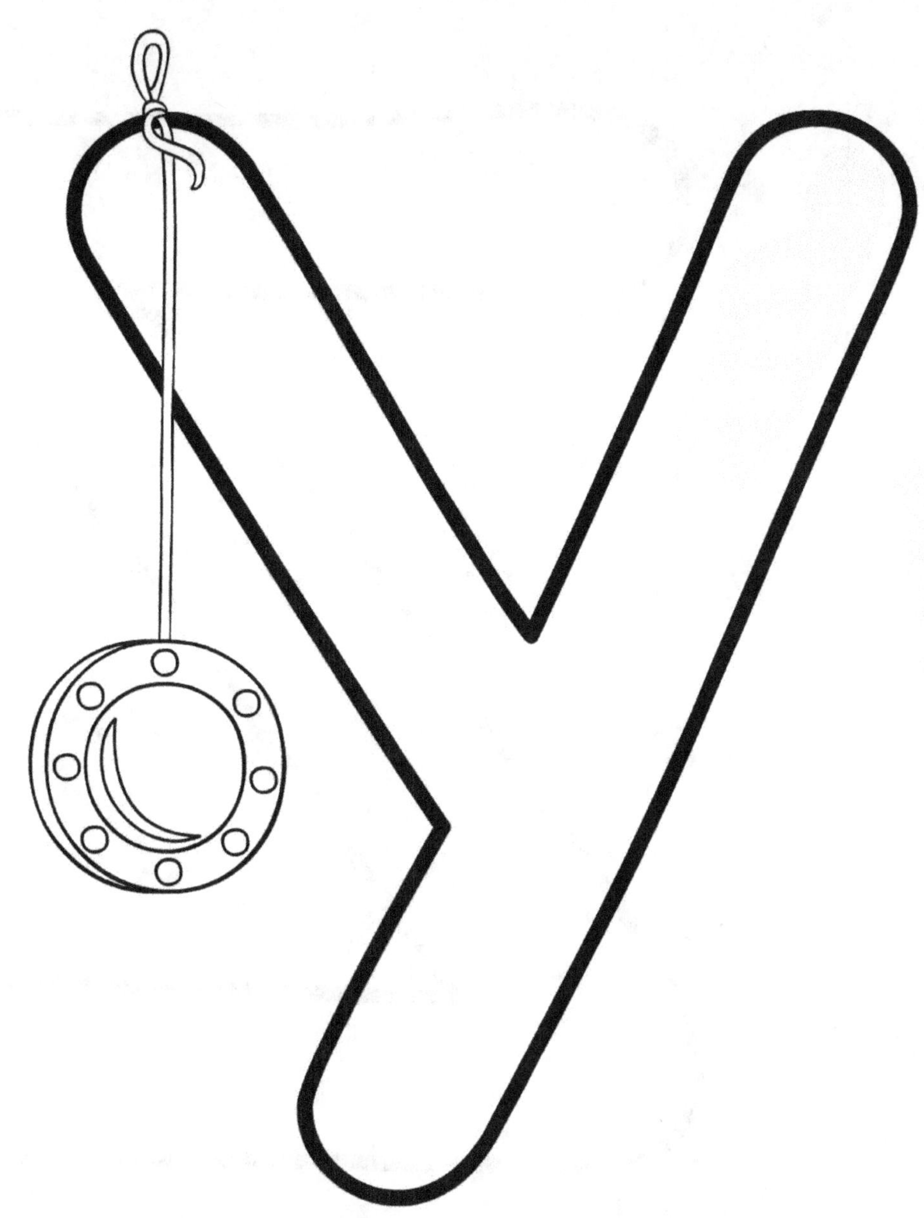

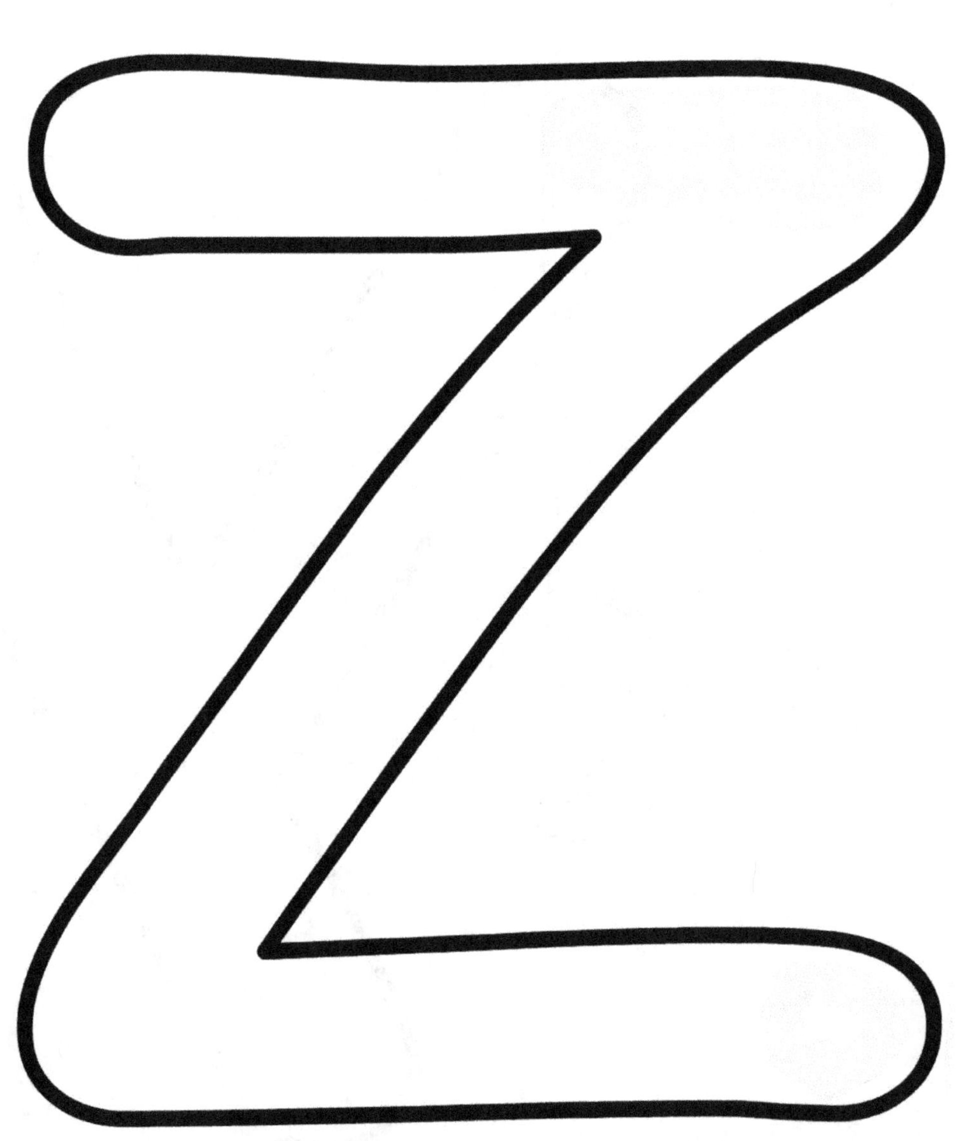

Aa Bb Cc Dd
Ee Ff Gg Hh
Ii Jj Kk Ll
Mm Nn Oo
Pp Qq Rr Ss
Tt Uu Vv Ww
Xx Yy Zz

SONAW PRO DESIGN

NUMBERS

5

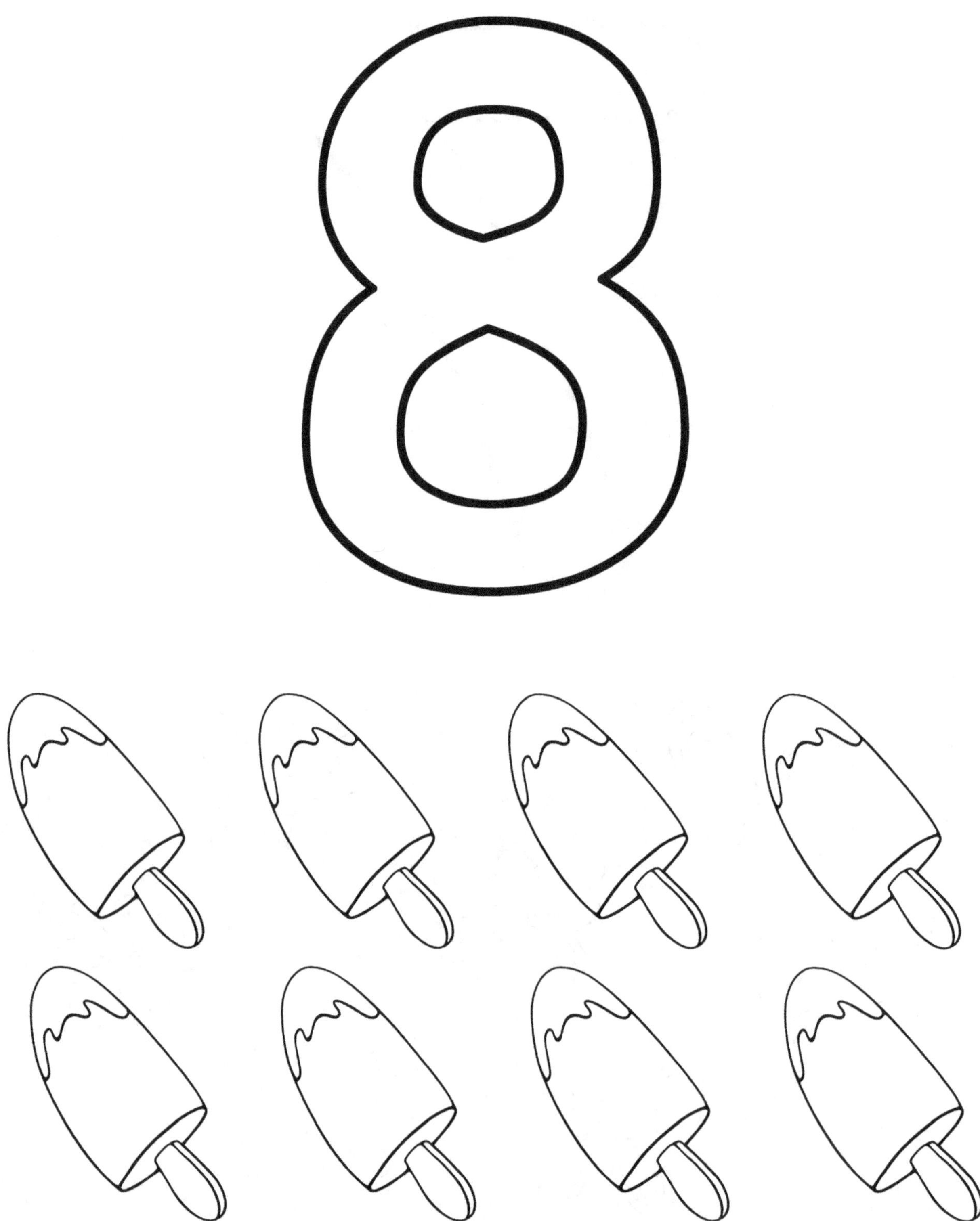

10

1 2 3 4

5 6 7

8 9 10

SONAW PRO DESIGN

I hope you enjoyed your little travel